1919. Decembre 22

879 Chambre des Commissaires-Priseurs
Envoi à la Bibliothèque Nationale.

ESTAMPES

ANCIENNES

DU XVIIIᵉ SIÈCLE

VENTE

DU 22 DÉCEMBRE 1913

PARIS

Mᵉ André DESVOUGES
COMMISSAIRE-PRISEUR

M. A. GEOFFROY
EXPERT

Charles BRANDE
IMPRIMEUR
23, Rue de l'Église, 23
LE VÉSINET

ESTAMPES ANCIENNES

des Écoles Française et Anglaise

du XVIIIᵉ siècle

DESSINS — SPORT

CONDITIONS DE LA VENTE

Elle sera faite au comptant.

Les Acquéreurs paieront *dix pour cent* en sus des enchères.

L'Expert se réserve la faculté de rassembler ou de diviser les lots, et remplira, aux conditions d'usage, les commissions que voudront bien lui confier MM. les Amateurs.

La Collection sera visible chez M. A. GEOFFROY, 5, Rue Blanche, du Lundi 15 au Samedi 20 Décembre.

L'Ordre du Catalogue sera suivi

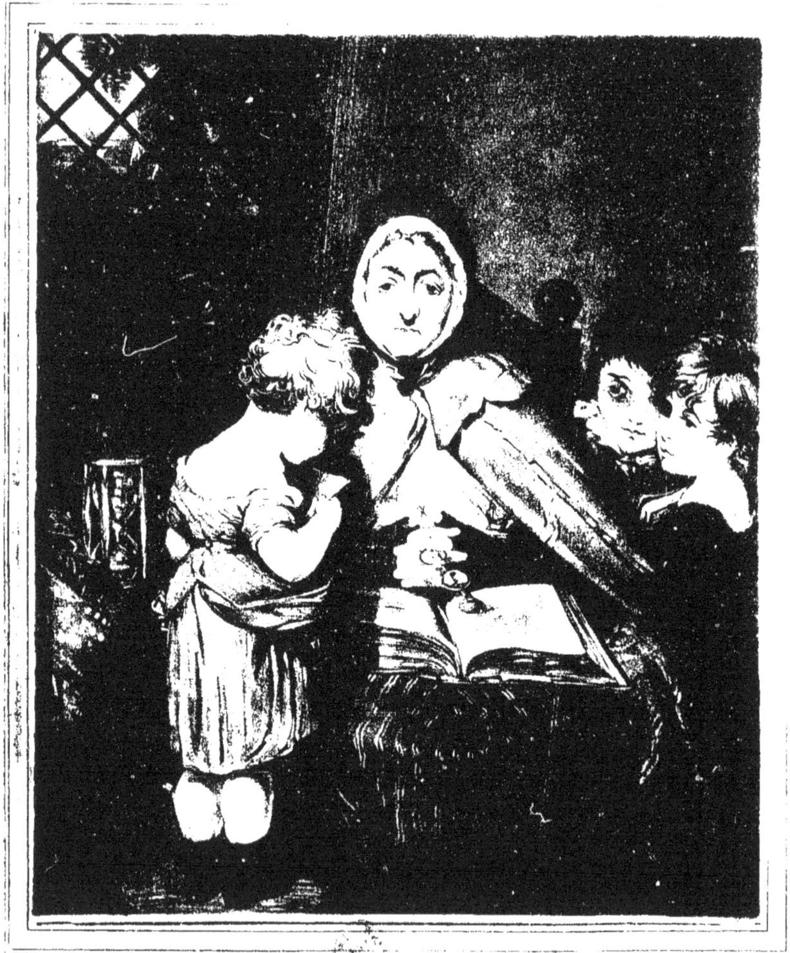

W. OWEN   J. WARD

The Schoolmistress

CATALOGUE

D'UNE COLLECTION

D'ESTAMPES

ANCIENNES

des Écoles Française et Anglaise

du XVIIIᵉ siècle

PAR OU D'APRÈS

Bartolozzi, Bonnet, Bosio, Boucher, Buck, Cosway, Debucourt
Demarteau, Hoppner, Huet, Le Prince,
Marcuard, Morland, Ward, etc

MODES — DESSINS — SPORT

Série des " Modes et Ridicules " de Debucourt

RUINES & PAYSAGES

DES MAITRES DU XVIIIᵉ

dont la vente aux enchères aura lieu

HOTEL DROUOT, salle nº 10

Le Lundi 22 Décembre 1913, à deux heures

COMMISSAIRE-PRISEUR	EXPERT :
Mᵉ ANDRÉ DESVOUGES	M. A GEOFFROY
Successeur de Mᵉ Maurice Delestre	Marchand d'Estampes
26, Rue de la Grange-Batelière	5, Rue Blanche, 5

PARIS

EXPOSITION PUBLIQUE

Le Dimanche 21 Décembre 1913 de 2 à 6 heures

DIVERS

1. — Choffard (P. P.). *Loge des Neuf Sœurs à l'Orient de Paris*. Diplôme dessiné par Monnet 1777 et gravé par Choffard, avec portrait du Duc de Chartres, grand Maître de l'Ordre. In-fol au burin.

Très belle épreuve *avant la lettre*, avec les tableaux latéraux en blanc. Marges.

On y joint une feuille d'encadrement de Choffard : Description des Iles Antilles.

2. — Le Grand (Louis). *Ballet des Muses. Allégorie pour les Menus Plaisirs du Roi*. Dédiée et présentée à Messeigneurs les premiers Gentilshommes de la Chambre de sa Majesté. Louis Le Grand sculp. Médaillon in-4° à l'eau forte et au burin.

Très belle épreuve avec toute sa marge. Rare.

3. — Le Mire (?). *Encadrement d'un Programme*. Dessiné et gravé par Le Mire (?) en 1750, pour les fameux Spectacles de Sceaux. In-4° au burin.

Très belle épreuve d'une pièce fort rare, avant l'impression du texte au centre du cartouche.

4. — Prévost (B. L.). *Institution des Citoyennes Hurard à Rouen*. 1793 Prix d'encouragement. Dessiné et gravé par B. L. Prévost. In-8° au burin.

Très belle épreuve. Toutes marges.

5. — St-Amand de St-Gilles. *La Fidélité. La Douceur. La Constance. Tendresse Maternelle.* **Quatre** sujets. — *Maury*, par Vérité, en couleurs. *Dames Blanches*, voiture coloriée. Etc.

Ensemble dix pièces variées.

BALTARD

6. — Première Exposition de l'Industrie en l'An IX au Palais du Louvre. Dessiné et gravé par Baltard. In-fol. à l'aquatinte.

Très belle épreuve *avant la lettre*, tirée en *bistre*. Pièce intéressante pour les Mœurs et Modes des Parisiennes *sous le Directoire*. Marges, Encadrée.

BARTOLOZZI (d'après F.)

7. — Marchande de Cupidons. Gravée par J. Ogborne. *London publ. 1783.* Ovale petit in-4° au pointillé.

Très belle et fraîche épreuve tirée en *bistre*, à toutes marges.

BARTOLOZZI (Fr.)

8. — Spring.
Summer.
Autumn.
Winter.

Suite des quatre Saisons, gravées en 1789-1790, d'après Westall et Wheatley. In-4° au pointillé.

Très belles épreuves, publiées vers 1810, d'un ton légèrement bistré. Marges. Encadrées.

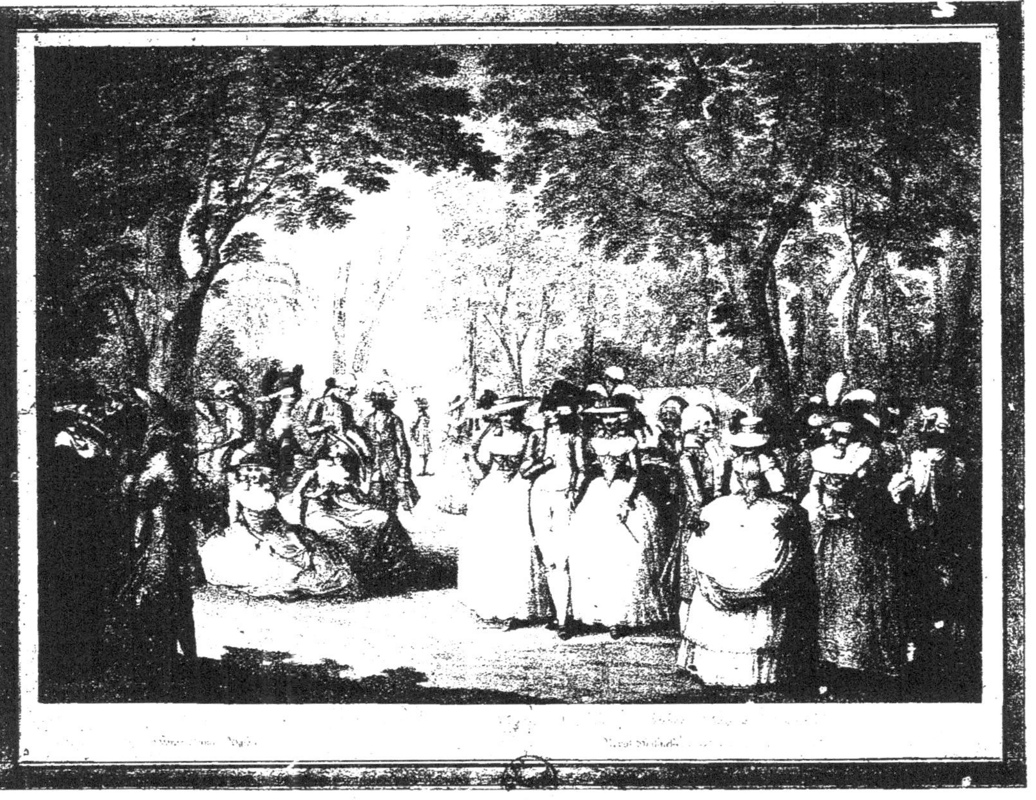

The Promenade at Carleton House
N° 27. BUNBURY

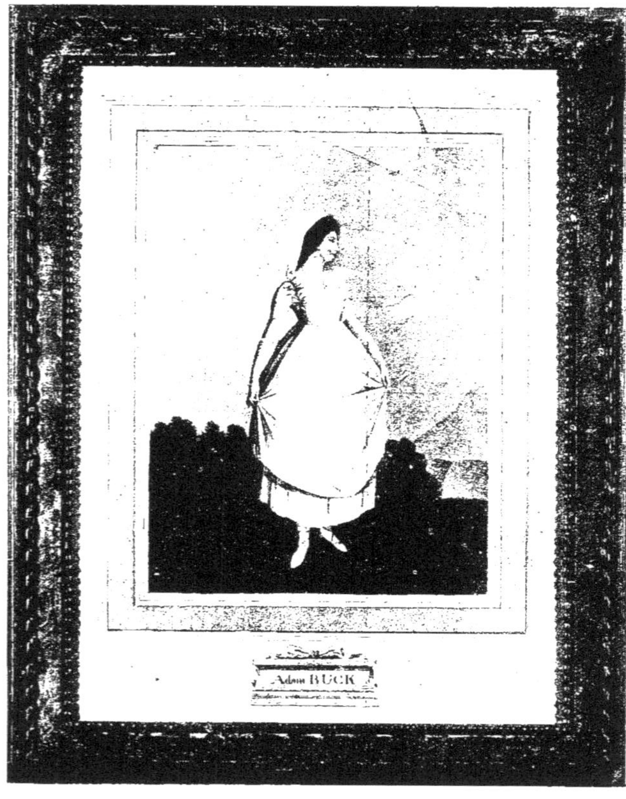

N° 25

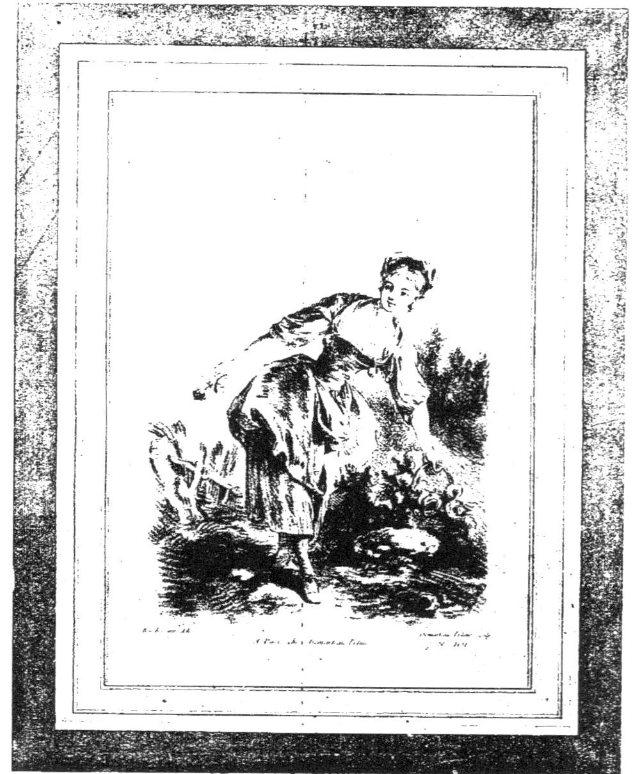

N° 43

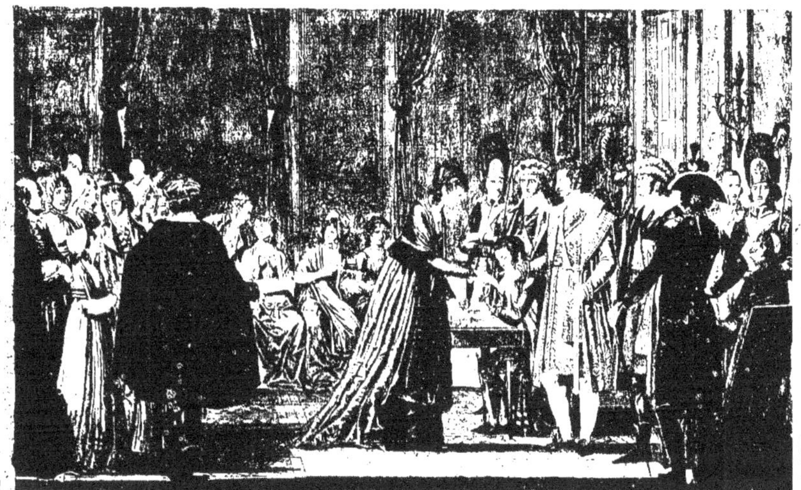

N° 31. CHATAIGNIER

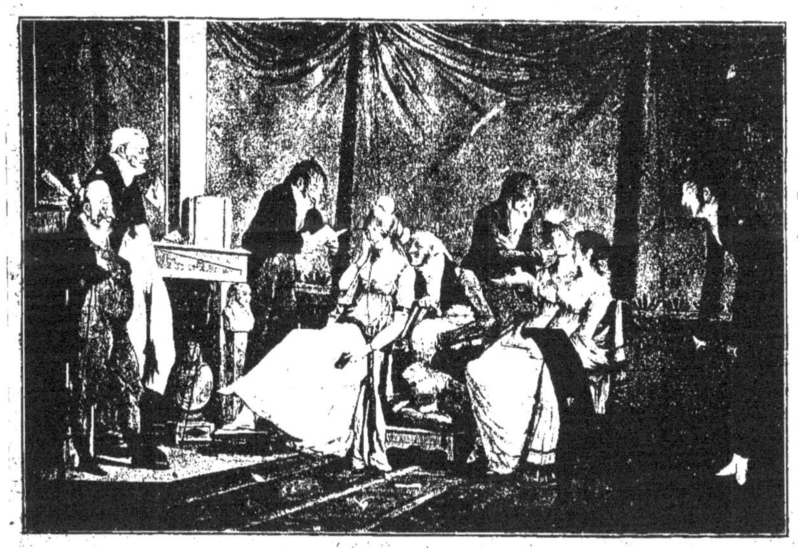

N° 37. DEBUCOURT

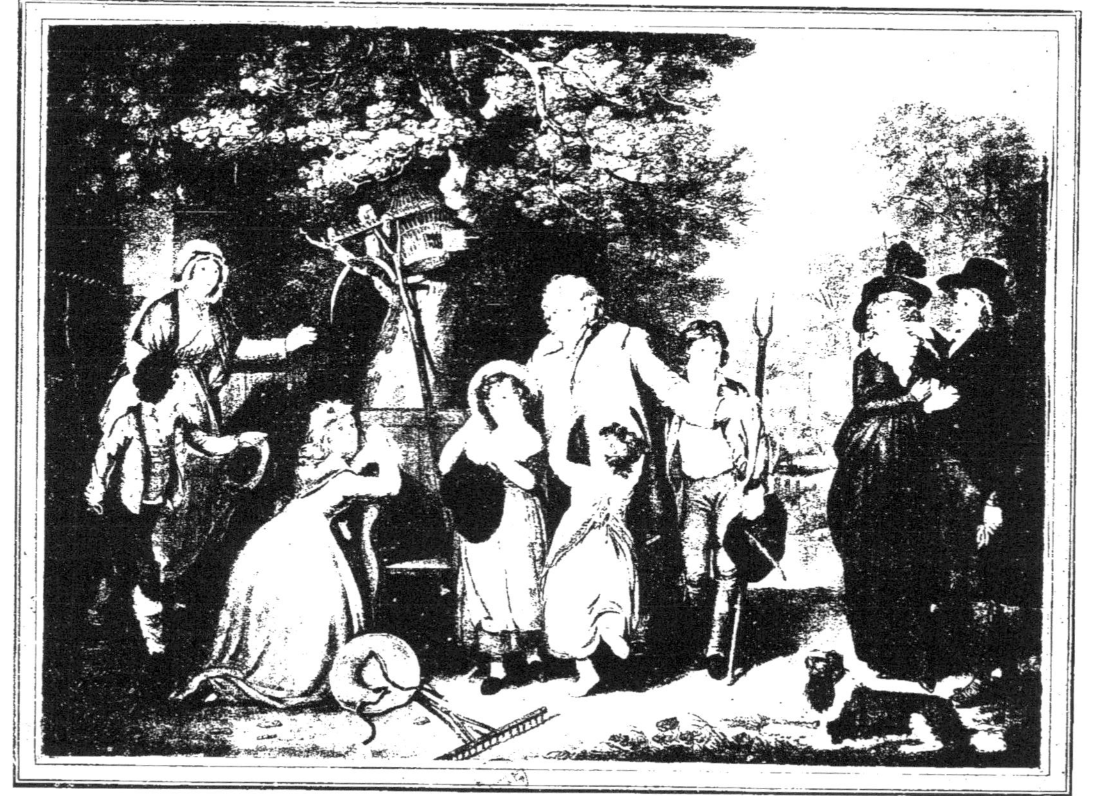

BIGG.   II. *The Benevolent Heir*   GILLBANK

BEAUVARLET (J. F.)

9. — La Confidence. D'après Vanloo. In-fol. au burin.

Superbe épreuve *avant toute lettre*. Marges.

BEECHY (d'ap. S. W.)

10. — Her Royal Highness Princess Augusta. Gravée par Geremia. Ovale in-4° au pointillé.

Très belle épreuve *imprimée en couleurs*, avec rehauts. Toutes marges.

La fille de Georges III est ici représentée assise à son rouet et filant.

BIGG (d'après W.)

11. — The Rapacious Intendant, *or the Tenant's Family*. The Benevolent Heir, *or the Landlord's Family*. Deux estampes faisant pendants. Gravées par H. Gillbank. Grand in-fol. à la manière noire.

Très belles épreuves *imprimée en couleurs*. Quelques trous de vers rebouchés. Sans marges. Encadrées.

Voir la Reproduction.

BONNEFOY (J.)

12. — Sophie Western. D'après Hoppner. Ovale in-4° au pointillé.

Très belle épreuve tirée en *deux tons*. Marges.

BONNET

13. — TÊTE DE JEUNE FEMME légèrement penchée en avant
et appuyée sur la main droite. D'après Eisen
(n° 7). Pièce in-4° gravée en 1767 à la manière
du crayon.

Très belle épreuve, avec la planche de blanc, tirée sur
papier bleu et donnant l'impression absolue du dessin. Marges.

BONNET (à Paris chez)

14. — LE REPENTIR INUTILE.
LE SERIN CHERY.

Deux pièces faisant pendants, d'après C.-L.
Desrais. In-8° au trait et lavis.

Très belles épreuves coloriées. Marges. Encadrées.

BOSIO

15. — LE CACHE-CACHE. Gravé par Schenker. In-fol. au
pointillé.

Superbe et très fraîche épreuve *imprimée en couleurs*. Elle
est du premier état, avant la coupure du cuivre, pour la série
du *Bon Genre*. Grandes marges. Très rare à trouver en cet
état.

Voir la Reproduction.

BOSIO

16. — LE LEVER DES OUVRIÈRES EN LINGE. Par J.-F.
Bosio. In-fol. au trait et au pointillé.

Très belle épreuve *en couleurs*. Elle est très fraîche et a de
la marge.

BCSIO

17. — Un Concert sous le Directoire.

Deux jeunes femmes jouent du clavecin ; une assemblée élégante écoute debout. Planche sans fond ni inscriptions. In-fol. au pointillé.

Très belle épreuve *en couleurs.* Marges. Rare.

BOUCHER (d'après F.)

18. — Tête d'Ange. Gravée par Demarteau. In-4° à la manière de crayon.

Très belle épreuve avec planche de blanc sur fond imprimé bleu. Sans marges.

BOUCHER (d'après F.)

19. — Les Deux Confidentes. Gravé par J. Ouvrier. 1761. In-fol. au burin.

Très belle épreuve. Marges du cuivre.

BOUCHER (d'après F.)

20. — Les Deux Confidentes. Gravé par J. Ouvrier. 1761. In-fol. au burin.

Superbe épreuve *avant la lettre ;* le nom du graveur à la pointe. Grandes marges. Rare en cet état.

BOUCHER (d'après F.)

21. — Les Amans Surpris. Gravé par R. Gaillard. In-fol. au burin.

Très belle épreuve. Grandes marges.

BOUCHER (d'après F.)

22. — La Bouquetière galante. Pièce anonyme d'après
la célèbre estampe de Tilliard. Petit in-fol. au
burin.

Très belle épreuve. Petites marges.

BOUCHER (d'après F.)

23. — Chinoiseries : *Les Sens*. Suite de six pièces gravées
par Huquier. In-fol. à l'eau-forte et au burin.

Très belles épreuves. Suite complète. Marges.

BOVI (M^{rs})

24. — Comfort. Jeune femme assise de face, un livre
sur les genoux, et prenant une dragée. Portrait
de *Lavinia Countess Spencer*, d'après un dessin
fait par elle-même. 1791. Petit in-fol. au burin
et à l'aquatinte.

Très belle épreuve *imprimée en couleurs*, avec quelques
rehauts. Marges.

BUCK (Adam)

25. — Jeune Fille Dansant. Petit in-fol. à l'aquatinte.

Superbe et très fraîche épreuve *imprimée en couleurs*.
Sans marges. Encadrée.

Voir la Reproduction.

BUCK (Adam)

26. — The Darling Awake. London publ. 1809. In-4°
au pointillé.

Très belle épreuve *en couleurs*. Petites marges. Encadrée.

BUNBURY (d'après H.)

27. — THE GARDENS OF CARLETON-HOUSE, *with Neapo-
litan Ballad Singers*. Designed 18th May 1784.
Gravé par W. Dickinson. Gr. in-fol. au pointillé.

Superbe épreuve tirée en *bistre*, les figures légèrement
teintées. Elle est du 1er tirage, à la *lettre ouverte*. Marges
du cuivre. Encadrée.

Voir la Reproduction.

BYRON (d'après F. G.)

28. — DIANA OLD BOY. Portrait d'une élégante en
négligé, allongée sur un sopha. Gravé en 1789
par J. Petit. In-4° au pointillé.

Très belle épreuve tirée en *bistre*, avec quelques légers
rehauts de couleurs. Encadrée.

CARÊME (d'après)

29. — LE RÉVEIL DU CARLIN. Gravé par Carrée. In-fol.
au pointillé.

Superbe et rare épreuve, *imprimée en couleurs*, d'une belle
estampe du XVIIIe galant. Premier état, avec l'adresse de
l'Auteur. Marges.

CHARDIN (d'après J. B.)

30. — L'INSTANT DE LA MÉDITATION. Gravé par Houston,
sous le titre : *Méditation*. In-fol. à la manière
noire.

« Il existe de cette planche une manière noire par Houston.
Nous ne l'avons jamais vue, aussi ne l'indiquons nous que
pour Mémoire... *Bocher* 6 C. »
Très belle épreuve d'une pièce fort rare. Marges.

CHATAIGNIER

31. — AUDIENCE PUBLIQUE DU DIRECTOIRE. Dessiné d'après
nature par Chataignier. In-fol. au burin.

Très belle épreuve dans son *coloris original*. Doublée.
Marges du cuivre. Très rare.

Voir la Reproduction.

COLLYER (J.)

32. — ANN ALLAN. Portrait de dame âgée, assise, bonnet
de dentelle et rubans. D'après J. Haye. Ovale
petit in-4° au pointillé.

Très belle épreuve *imprimée en couleurs*. Marges.

COSWAY (d'après R.)

33. — Mʳˢ FITZHERBERT. Gravée par John Condé. In-fol.
au pointillé.

Superbe épreuve d'une belle tonalité *bistre-brun*. Elle est
très fraîche quoique sans marges, et habilement remontée sur
un entourage spécialement exécuté. Encadrée.

Voir la Reproduction.

COSWAY (d'après R.)

34. — MADEMOISELLE LA CHEVALIÈRE D'ÉON DE BEAUMONT.
Gravée par Th. Chambars. 1787. In-8° au pointillé.

Très belle épreuve tirée en *bistre*. Marges. Encadrée.

DARCIS (L.)

35. — Le Trente-un, ou la Maison de Prêt sur Nantis-
sement. D'après Guérin. In-fol. au pointillé.

Très belle épreuve *coloriée*. Petites marges. Encadrée.
Intéressante estampe d'époque Directoire, donnant un
aperçu des maisons de jeu au Palais Royal à la fin du xviii[e]
siècle.

DEBUCOURT (P. L.)

36. — La Rose mal défendue. Dessiné et gravé par P.-L.
Debucourt, peintre et graveur (M. F. 27). In-fol.
à l'aquatinte.

Superbe et rare épreuve avec la première adresse, celle de
l'auteur lui-même, qui fut ensuite remplacée par celle de
Depeuille. Dans cet état, la femme a le sein découvert.

Voir la Reproduction.

DEBUCOURT (P. L.)

37. — Les Visites. Publié le 1er Jour du 19e siècle.
P.-L. Debucourt del. et sculp. (M. F. 65).
In-fol. à l'aquatinte.

Très belle épreuve *en couleurs*. Marges.
Cette estampe, ainsi que les suivantes, fait partie de la
célèbre série connue sous le nom de **Modes et Ridicules.**

Voir la Reproduction.

DEBUCOURT (P. L.)

38. — La Femme et le Mari ou les Epoux a la mode.
Fructidor 1803. Dessiné et Gravé par Db[rt]
(M. F. 148). In-fol. à l'aquatinte.

Très belle épreuve *en couleurs*. Toutes marges.

DEBUCOURT (P. L.)

39. — La Coquette et ses Filles *ou une Mère à la mode.*
Vendémiaire 1803. Dessiné et gravé par Db^{rt}
(M. F. 149). In-fol. à l'aquatinte.

Très belle épreuve *en couleurs.* Toutes marges.

DEBUCOURT (P. L.)

40. — Les Petits Messieurs *ou les Adolescens à la Mode.*
Novembre 1804. Dessiné et gravé par Db^{rt}.
(M. F. 172). In-fol. à l'aquatinte.

Très belle épreuve *en couleurs.* Toutes marges.

DEBUCOURT (P. L.)

41. — Les Courses du Matin *ou la Porte d'un Riche.*
Ventose an 13 (1805). Dessiné et gravé par
P. L. Db^{rt} (M. F. 173). In-fol. à l'aquatinte.

Très belle épreuve *en couleurs.* Marges.

DEBUCOURT (P. L.)

42. — Le Coeffeur. Dessiné et gravé par P. L. Debucourt. (M. F. 309). In-fol. à l'aquatinte.

Très belle épreuve *en couleurs.* Marges.

DEMARTEAU (G.)

43. — Jeune Fille, au Corsage ouvert, portant un
panier de Roses. D'après Boucher. n° 101.
Petit in-fol. à la manière du crayon.

Très belle épreuve tirée en *sanguine.* Toutes marges.
Voir la Reproduction.

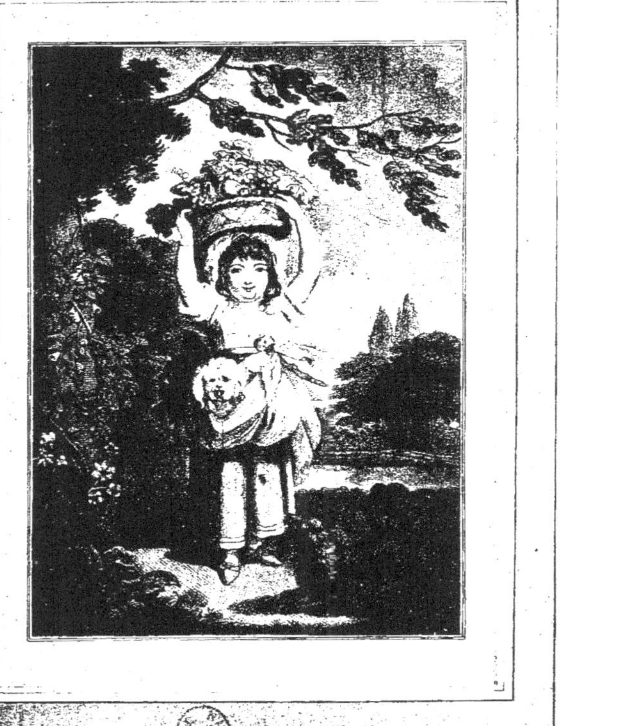

N° 94. Miss Cosway

Une Ruine Romaine

A Paris chez les Campions frères rue St Jacques à la Ville de Rouen

N° 136. Pernet

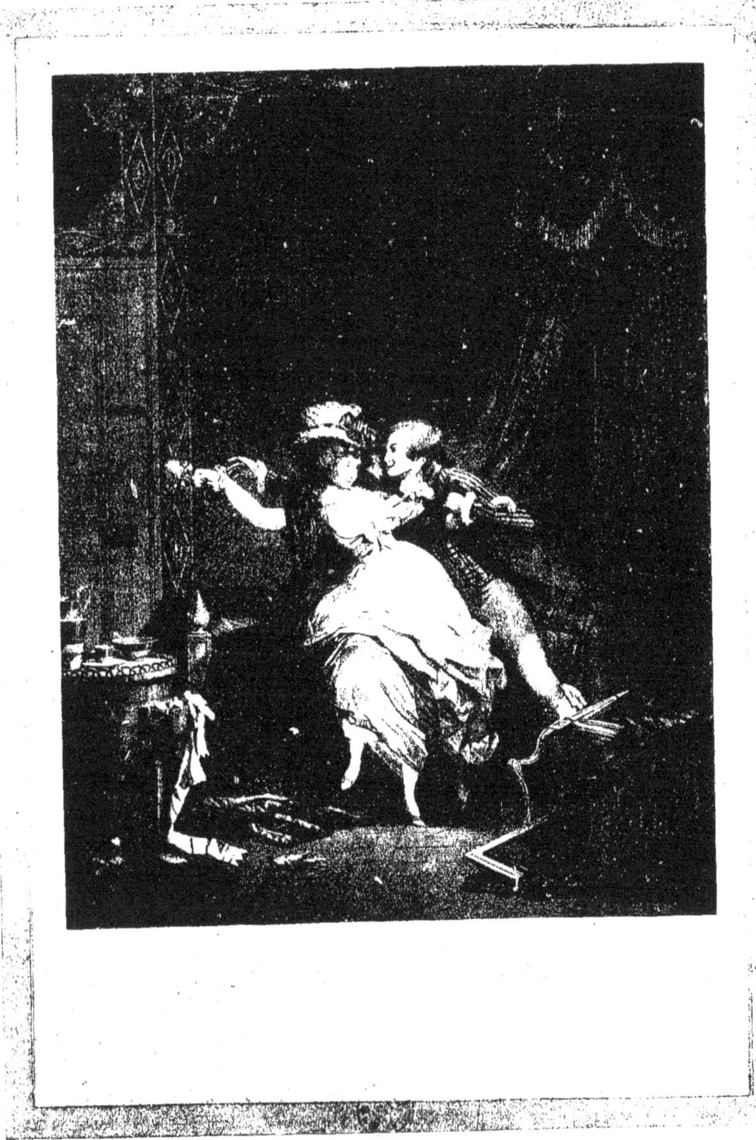

Nº 36 DEBUCOURT

DEMARTEAU (G.)

44. — Jeune Paysanne portant un Rateau. Elle est accompagnée d'une fillette, et sont toutes deux jambes nues. D'après Boucher. n° 164. In-4° à la manière du crayon.

Très belle épreuve tirée en *sanguine* (ton brun). Toutes marges.

DEMARTEAU (G.)

45. — Pastorale. Deux jeunes paysans tendrement enlacés. D'après Boucher. Petite pièce ovale, in-8°, à la manière du crayon.

Très belle épreuve *imprimée en couleurs*. Sans marges, filet visible. Encadrée à l'ovale.

DEMARTEAU (G.)

46. — Fragments de Principes de Dessin, d'après différents maîtres. In-fol. à la manière du crayon.

Très belles épreuves en *sanguine*, à toutes marges. Lot de trente et une pièces.

Dessins et Miniatures

ECOLE FRANÇAISE DU XVIIIe

47. — LE CARREFOUR DE LA CROIX DE PIERRE.

0.29×0.28

Beau dessin à la pierre noire avec rehauts de blanc. Conservé sur son glomy ancien.

ECOLE FRANÇAISE

48. — VUES DE LA GRÈCE, et Ruines. Deux pendants de forme ovale.

0.15×0.12

Au lavis de sépia. Encadrés.

ECOLE FRANÇAISE

49. — SCÈNES GALANTES pour *dessus de Tabatières*. Dans le goût de Bernard Picart.

0.07×0.05

Quatre petits dessins au lavis d'encre de chine, avec rehauts de couleurs. Encadrés.

ÉCOLE FRANÇAISE, FIN XVIIIe

50. — JEUNE FEMME A SON CLAVECIN. Epoque Directoire.

0.40×0.33

Joli dessin aux crayons rouge et noir. Encadré.

Voir la Reproduction.

CARESME (P.)

51. — Bacchanales. Offrande au Dieu Pan ; Nymphes et
Satyres. Deux dessins faisant pendants.

0.21 × 0.13

A la plume et lavis de sépia.

CLERMONT (J. F.)

52. — Le Cureur de Puits. Dessin exécuté pour une série
de *Cris de Paris*. Signé : *Clermont*.

0.21 × 0.15

A la Sépia.

COSWAY (Maria)

53. — Progress of Female Dissipation. Suite de sept
petites peintures sur papier, exécutées à la fin
du xviiiᵉ siècle.

0.23 × 0.19

Série intéressante, peinte en grisaille. avec forts rehauts de
blanc. Encadrée.

A été gravée par Cardon et publiée chez Ackerman.

COSWAY (Maria)

54. — Progress of Female Virtue. Suite de sept dessins
faits par Mʳˢ Cosway pour former contraste
avec la suite précédente.

0.23 × 0.19

Dessins à la plume et la vis de sépia, avec rehauts de blanc.
Encadrés.

Ont été également gravés par Cardon et publiés chez
Ackerman, avec un joli titre gravé par Girtin.

« Nous joignons un exemplaire de ce livre rare. »

DESRAIS

55. — La Raquette, ou le Volant.
La Partie de Canotage.
Les Glaces a Tivoli.

Trois dessins qui furent gravés et publiés à la fin du xviiie siècle.

0.24×0.16

A la plume et lavis d'encre de chine.

GIROUX (Achille)

56. — Modes de Longchamps. Promenade en Calèche.

0.22×0.14

A la mine de plomb, sur fond teinté. Encadré.
A été lithographié.

HAYTER (John)

57. — The Sisters. Deux jeunes femmes assises, de profil à gauche, lisant.

0.15×0.12

Fin dessin à la mine de plomb, délicatement rehaussé. Encadré.
A été gravé, du même format, et sous le même titre, par J. Thomson.

ISABEY ? (J.)

58. — Réunion Mondaine.

0.37×0.27

Intéressant dessin au lavis de sépia. (Collection des Ligneris). Encadré.

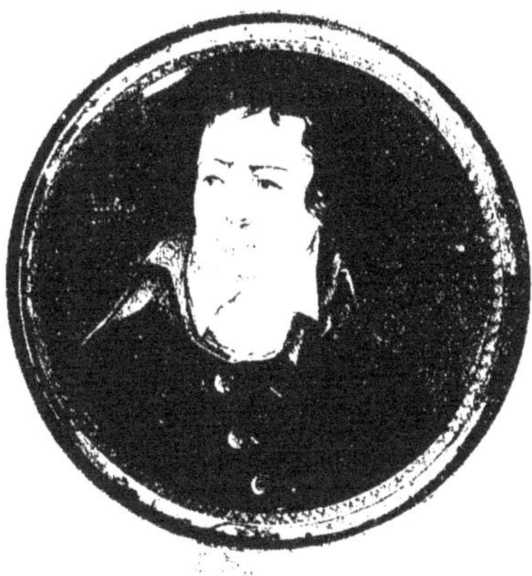

Berthier

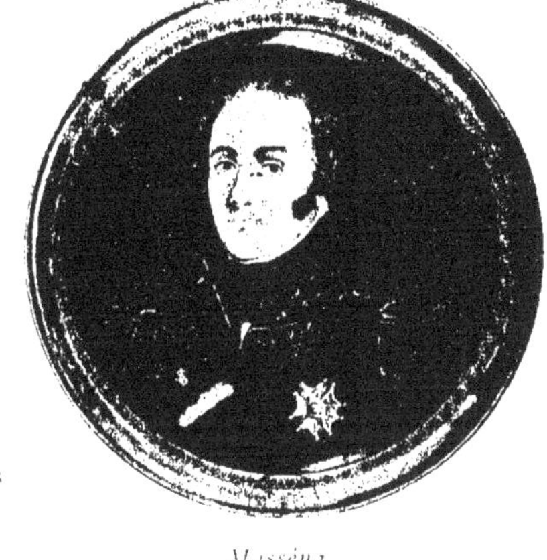

Masséna

Nº 66
Miniatures

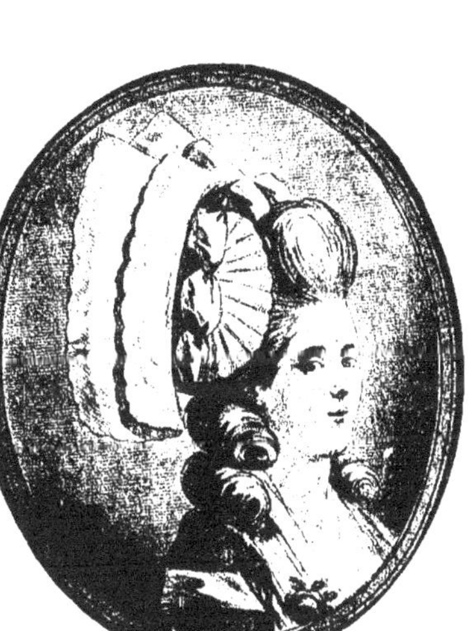

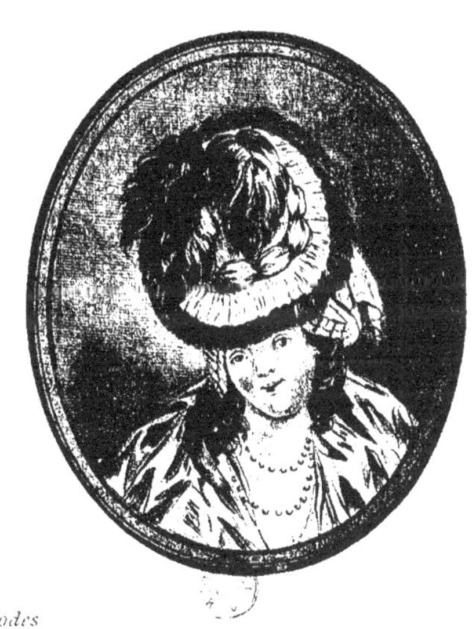

Nº 93

JANINET. *Modes*

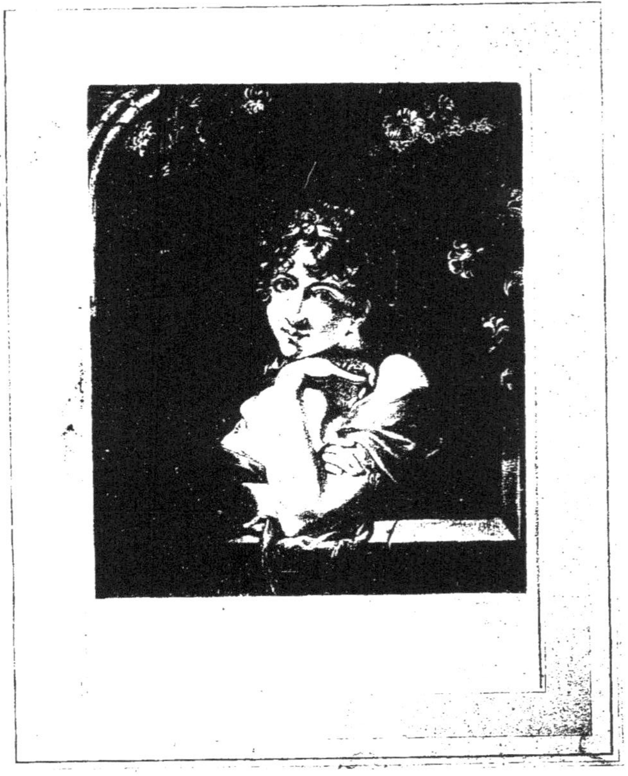

HAPPNER   N° 76   YOUNG

WOODFORD   N° 117   W. WARD

LAMI (Eug.)

59. — ESQUISSES DIVERSES et croquis d'Atelier. Réunion
de *vingt pièces.*

Aquarelles, Mine de Plomb, Plume. Lot intéressant.

LIOTARD

60. — COSTUME D'UNE FEMME MAURE.

0.26×0.18

Gouache sur papier. Encadrée.

NICOLLE

61. — COTÉ DU PANTHÉON.
THÉATRE DE MARCELLUS.

Deux dessins sur trait finement gravé.

0.26×0.18

Au lavis de sépia. Encadrés.

REYNOLDS (Sir J.)

62. — JOHN AND THERESA, son and Daughter of John
Lord Boringdon.
MISS PELHAM.
LADY ANN DAWSON.

Trois études de Sir J. Reynolds pour ses
tableaux.

0.10×0.06

Esquisses à l'huile, sur papier. Premières pensées du
maître pour l'exécution de ses toiles.
Nous joignons la gravure de l'un de ces tableaux.

VERNET (Jos.)

63. — Contrebandiers amarrant leur barque a l'entrée d'une grotte. Médaillon.

Diam. : 0.18

Au lavis d'encre de chine.

MINIATURES

ANONYME

64. — PORTRAIT D'HOMME.

PORTRAIT DE FEMME.

Deux miniatures faisant pendants, des débuts du XIXᵉ siècle. Forme carrée, sur ivoire.

BOUCHARDY

65 — PORTRAIT DE FEMME de profil à gauche, cheveux noués d'un ruban. Médaillon.

Charmant portrait, finement exécuté.

VILLERS

66. — PORTRAITS DE NAPOLÉON ET PERSONNAGES DES DÉBUTS DU XIXᵉ SIÈCLE.

Belles miniatures sur ivoire, exécutées avec grand soin.

Villers, artiste très habile, exposa aux Salons au début du XIXᵉ siéc'e.

Suite de douze portraits qui seront vendus séparément.

NAPOLÉON Iᵉʳ.

BERTHIER *Prince de Wagram et de Neuchâtel.*

DESAIX.

DROUOT (Cᵗᵉ A.)

DUROC *Duc de Frioul.*

FOY.

GOURGAUD (Bᵒⁿ G.)

LARREY (Bᵒⁿ D. J.)

MASSÉNA *Duc de Rivoli.*

MURAT *Roi de Naples.*

SOULT *Duc de Dalmatie.*

SUCHET *Duc d'Albufera.*

Voir la Reproduction.

DOWNMAN (d'après)

67. — HER GRACE THE DUTCHESS OF RICHMOND. Gravée par Burke. *London pub. 1788.* Ovale in-4° au pointillé.

Très belle épreuve délicatement *teintée,* du 1er tirage, à la *lettre ouverte.* **Marges.**

ÉCOLE ANGLAISE DU XVIII⁰ SIÈCLE

68. — LADY HAMILTON'S ATTITUDES. London publ. 1798 by G. Tounly. Deux pièces faisant pendants, représentant Lady Hamilton dans les gracieuses attitudes de la danse au tambourin et de la danse à l'Echarpe. In-fol. au pointillé.

Très belles épreuves rehaussées de couleurs. **Marges. Encadrées.**

ÉCOLE ANGLAISE DU XVIII⁰ SIÈCLE

69. — THE WOOD BOY. Sans noms d'artistes. London publ. by J. Le Petit. In-4° au pointillé.

Très belle épreuve *imprimée en couleurs.* Petites marges.

ÉCOLE ANGLAISE DU XVIII⁰ SIÈCLE

70. — THE DREAMING BEAUTY. Sans noms d'artiste. In-fol. à la manière du crayon, au pointillé.

Très belle épreuve, très légèrement *rehaussée de couleurs* Marges. Encadrée.

ÉCOLE FRANÇAISE DU XVIII⁰ SIÈCLE

71. — LA TENDRESSE MATERNELLE. Petit sujet sans nom de graveur ; d'après A. Kauffman? Médaillon in-12 au pointillé.

Très belle épreuve *imprimée en couleurs.* Petites marges. Encadrée en médaillon.

ÉCOLE FRANÇAISE DU XVIIIᵉ SIÈCLE

71 *bis*. — BELINDA. Petit sujet nu, sans nom de graveur. Ovale in-8° au pointillé.

Très belle épreuve *imprimée en couleurs*. Marges. Encadrée.

FREUDENBERG (S.)

72. — LA BALANÇOIRE.
LE RETOUR DES CHAMPS.

Deux pièces faisant pendants. S. Freudenberger fecit. Petit in-4° à l'aquatinte.

Très belles épreuves *en couleurs*. Petites marges. Encadrées.

GARBIZZA

73. — VUE DE LA GALLERIE DU PALAIS-ROYAL *prise du côté de la rue des Bons-Enfants* (Vue de Paris n° 8). Gravé par Coqueret. In-fol. à l'aquatinte.

Très belle épreuve *en couleurs*, d'une estampe intéressante montrant l'une des promenades favorites des Parisiennes aux débuts de l'époque impériale. Marges.

GRAVELOT ? (d'après)

74. — QUADRILLE. Réunion de jeunes personnes jouant aux cartes. Gravé par C. Grignion. Petit in-fol. au burin.

Très belle épreuve. Marges. Encadrée.

GRÈVEDON (H.)

75. — Mme Albert *du Théâtre des Nouveautés.*
Mlle Jenny Vertpré *du Théâtre du Gymnase*

Deux charmants portraits d'actrices. Dessinés et lithographiés par Grèvedon. In-fol.

Très belles épreuves *coloriées.* Encadrées en médaillons.

HOPPNER (d'après J.)

76. — Eliza. Portrait de Mrs Hoppner. Gravé par I. Young. In-fol. à la manière noire.

Très belle épreuve, avec une petite marge, d'un joli portrait rare à rencontrer.

Voir la Reproduction

HOPPNER (d'après J.)

77. — Lady Charlotte Duncombe.
Lady Gertrude Villiers.
Viscountess St Asaph.
Lady Charlotte Campbell.
Lady Langham.
Viscountess Andover.

Suite de six petits portraits connus sous le nom de *Hoppner Beauties.* Gravés par Cooper et Burke. 1809. In-8° au pointillé.

Très belles épreuves tirées en *bistre.* Marges. Encadrées.

HUET (d'après J. B.)

78. — Vénus sur un Dauphin.
Vénus sur une Draperie.

Deux estampes faisants pendants. Gravées par Demarteau (552-553). Petit in-4 aux crayons de couleurs.

Très belles et fraîches épreuves *imprimées en couleurs*. Petites marges à la première ; la seconde remontée. Encadrées.

HUET (d'après J. B.)

79. — Le Chasseur endormi. Vu de dos, assis près de son fusil, il a son chien près de lui et quelques pièces de gibier. Gravé par Demarteau (472). Petit in-fol. aux crayons de couleurs.

Très belle épreuve *imprimée en couleurs*. Sans marges, mais complète. Encadrée.

HUET (d'après J. B.)

80. — Les Laveuses. Jeunes femmes lavant leur linge à une mare, près de leur ferme entourée d'arbres. Gravé par Jubier (Bonnet 410). Petit in-fol. aux crayons de couleurs.

Très belle épreuve *imprimée en couleurs*. Filet de marges. Encadrée.

HUET (d'après J. B.)

81. — Pastorale. La Bergère au repos. Sans nom de graveur. 1772. In-fol. à la manière du crayon.

Très belle épreuve *en couleurs*, avec rehauts. Sans marges. Encadrée.

HUET (d'après J. B.)

82. — ETUDE D'ANIMAUX. Gravée par Bonnet (956). Petit
in-4° à la manière de crayon et au lavis.

Très belle épreuve *imprimée en couleurs*. Marges.

JANINET (F.)

83. — LE SATYR AMOUREUX.
LA BACCHANTE ENYVRÉE.

Deux pièces faisant pendants. Bacchanales
d'après Carême. Petit in-fol. à l'aquatinte.

Très belles épreuves *imprimées en couleurs*, avec quelques
retouches. Petites marges. Encadrées.

JEAURAT (d'après E.)

84. — LE JOLI DORMIR. Gravé par Elisabeth-Claire Tour-
nay. In-fol. au burin.

Très belle épreuve. Marges du cuivre.
Portrait de *Mme Lalive d'Epinay*, amie de J.-J. Rousseau.

LANCRET (d'après N.)

85. — A FEMME AVARE GALANT ESCROC.
LES DEUX AMIS.
LE FAUCON.
LE GASCON PUNI.
NICAISE.
LES OIES DE FRÈRE PHILIPPE.
ON NE S'AVISE JAMAIS DE TOUT.

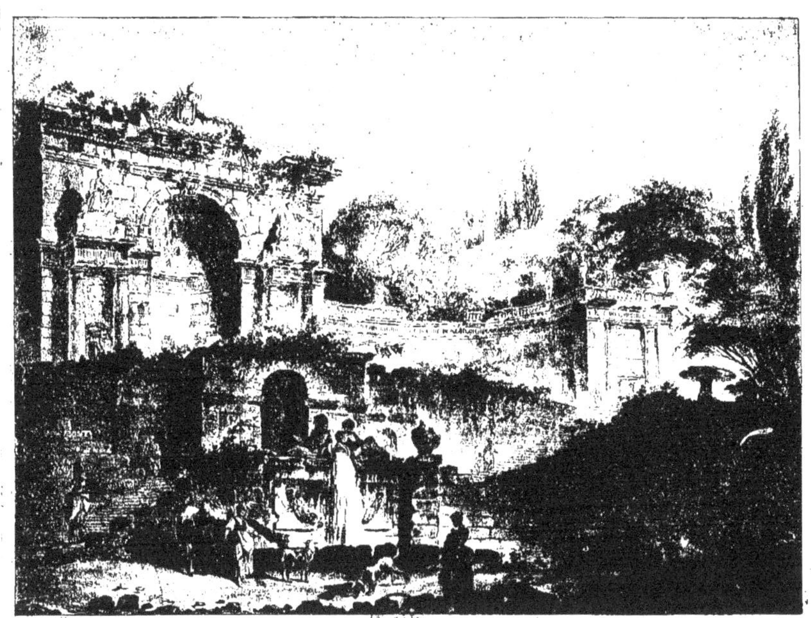

H. ROBERT   N° 127   JANINET

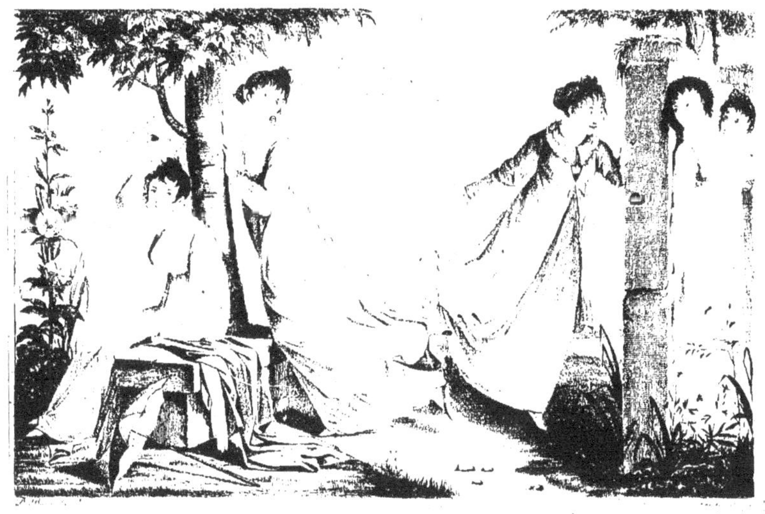

Le Cache-Cache.

N° 15. Bosio

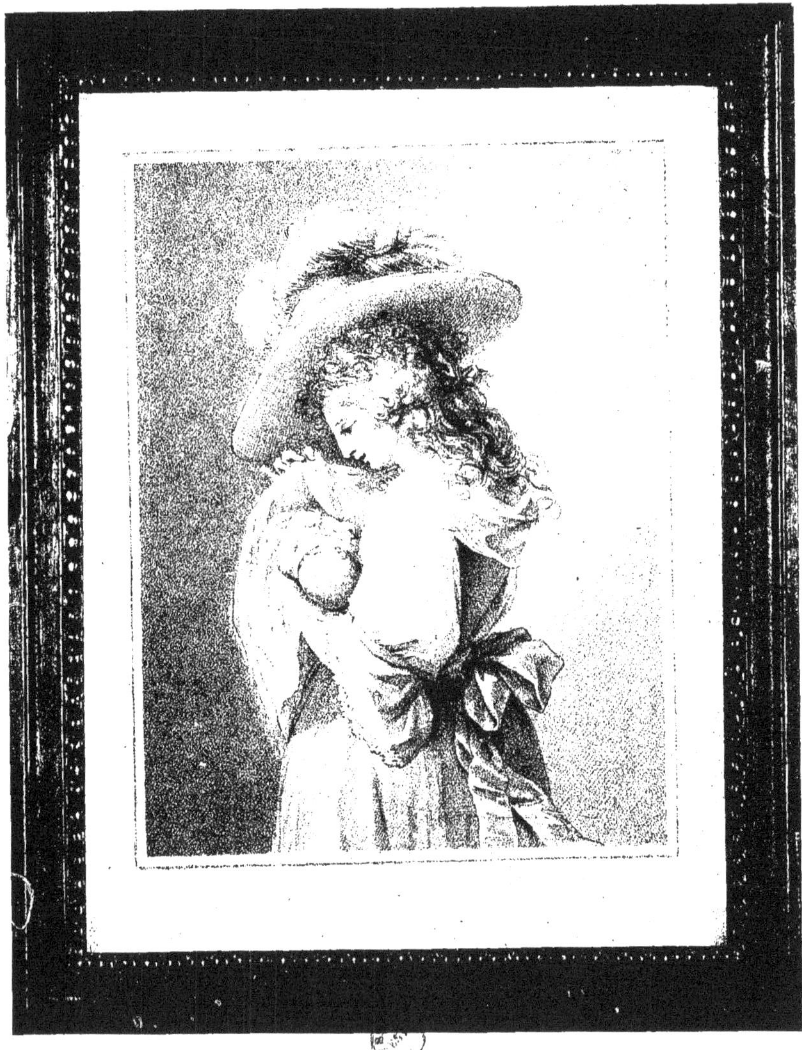

TOMKINS   N° 114. HE SLEEPS !

Le Petit Chien qui secoue de l'Argent...
Les Rémois.
La Servante justifiée.
Les Troqueurs.

Suite de onze estampes, toutes gravées par Larmessin, formant (avec le Pâté d'Anguilles, qui nous manque) la série des *Contes de Lafontaine par Lancret*. In-fol. au burin

Très belles épreuves à grandes marges et très fraîches.

LAURIE (R.)

86. — The Full of the Honey Moon.
The Vane of the Honey Moon.
Deux estampes faisant pendants. D'après Wheatley. 1789. In-fol. à la manière noire.

Très belles épreuves. Sans marges. Encadrées.

Voir la Reproduction.

LE BARBIER (d'après)

87. — L'Idylle des Cerises de J.-J. Rousseau à Thônes, avec Mlles de Galley et de Graffenried. Gravée par Trière. 1783. In-4° au burin.

Très belle épreuve. Marges. Encadrée.

LE GRAND (Aug.)

88. — La Prière.
Le Bon-Jour.
Deux pièces faisant pendants; d'après Miss Julia Couyers. In-4° au pointillé.

Très belles épreuves *en couleurs*. Marges. Encadrées.

LE PRINCE

89. — La Maitresse d'Ecole. D'après Boucher. In-4° au
lavis.

Très belle épreuve tirée en *bistre*, d'une jolie petite pièce
très rare. Marges.

LEPRINCE

90. — Colin-Maillard. Pastorale in-fol. gravée à l'aquatinte.

Très belle épreuve tirée en bistre, d'une pièce assez rare
et non achevée. Petites marges.

LE PRINCE (d'après)

91. — Jeune fille Russe, cheveux relevés, coiffure avec
perles et glands. Gravée par Demarteau (241).
In-fol. à la manière du crayon.

Très belle épreuve en *sanguine*. Toutes marges.

LE PRINCE (d'après)

92. — Jeune femme en costume oriental, tenant un petit
oiseau posé sur son doigt. Gravé par Demarteau (537). In-fol. à la manière du crayon.

Superbe épreuve imprimée en *sanguine*. Toutes marges.
Très fraîche.

LEVILLY (J. P.)

93. — Je l'attendais. Jeune femme à la terrasse d'un
jardin, attendant son amant. J. P. Levilly sculp.
In-4° au pointillé.

Très belle épreuve tirée en ton légèrement bleuté. Marges.

LEVILLY (J. P.)

94. — Miss Louisa Cosway. Gravée par Levilly d'après R. Cosway. Petit in-fol. au pointillé.

Superbe épreuve *imprimée en couleurs*. Marges. Très rare.

Voir la Reproduction.

LOUTHERBOURG (d'après)

95. — The Bird Catchers. Gravé par Lerpinière. 1800. Ovale in-fol. au burin.

Très belle épreuve. Marges.

MARCUARD (R. S.)

96. — L'Amour enchainant la Beauté. D'après A. Kauffman. Médaillon in-fol. au pointillé.

Très belle épreuve imprimée en *bistre*. Filet de marge.

MARCUARD (R. S.)

97. — Jeune femme assise, tenant un agneau sur ses genoux. D'après A. Kauffman (Le Bl. 23). Ovale in-8° au pointillé.

Très belle épreuve imprimée en *bistre*. Petites marges.

MIDDLETON (d'après G. J.)

98. — The Marchioness of Salisbury. Gravé par H. S. Ball. In-fol. au burin et au pointillé.

Très belle épreuve du premier état, *avant le titre*. Marges.

MODES ET COSTUMES

99. — Coiffures, Bonnets et Chapeaux. Réunion importante et rare de douze petites têtes de femmes, gravées en couleurs par Janinet. Ovales in-12 au lavis de couleurs.

Superbes épreuves *imprimées en couleurs*. Elles sont très fraîches de tons et joliment montées en dessins. Encadrées à l'ovale.

Voir la Reproduction.

MOREAU LE JEUNE (d'après)

100. — St-Preux s'enfuit d'une maison mal famée, ou il s'était laissé entrainer..... Gravé par N. de Launay 1776. In-4° au burin.

Très belle épreuve avec marges.

MORLAND (d'après G.)

101. — The Barn Door. Gravé par W. Ward. *London publ. 1792 by Simpson.* In-fol. à la manière noire.

Très belle épreuve *imprimée en couleurs*. Petites marges.

MORLAND (d'après G.)

102. — Constancy. Gravé par Bartoloti. Petit in-fol. au pointillé.

Très belle épreuve *imprimée en couleurs*. Marges.

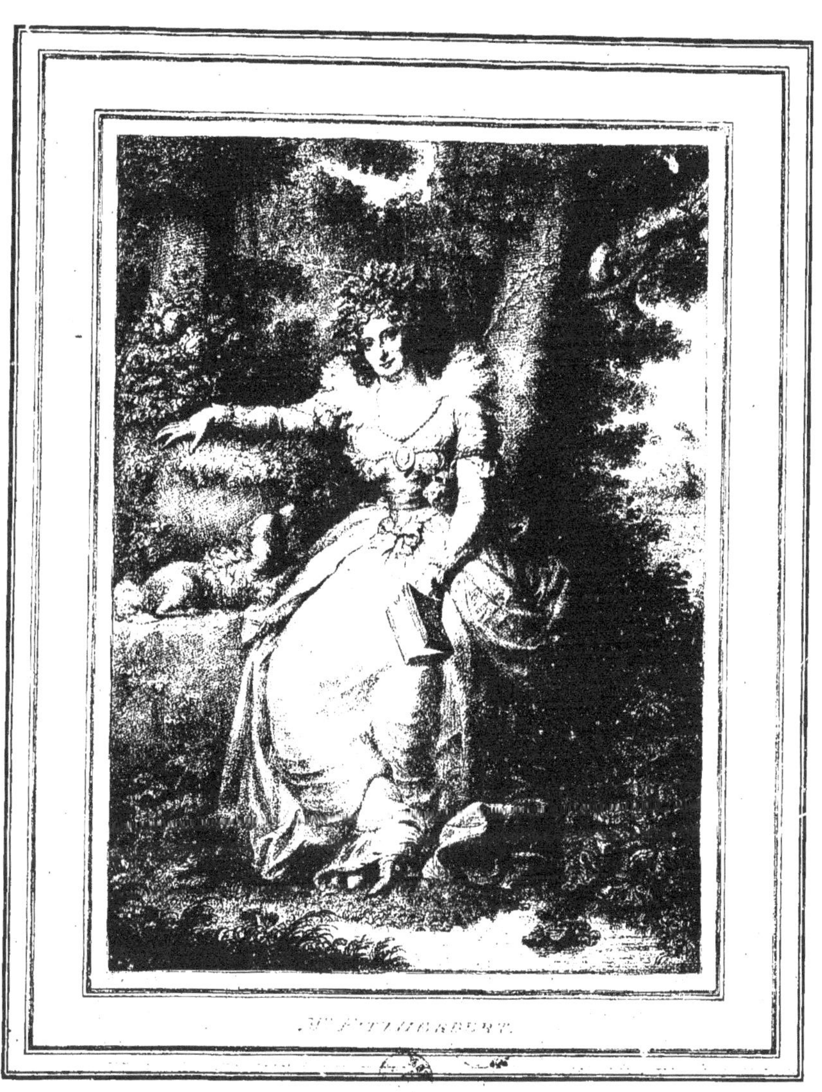

Nº 33. COSWAY

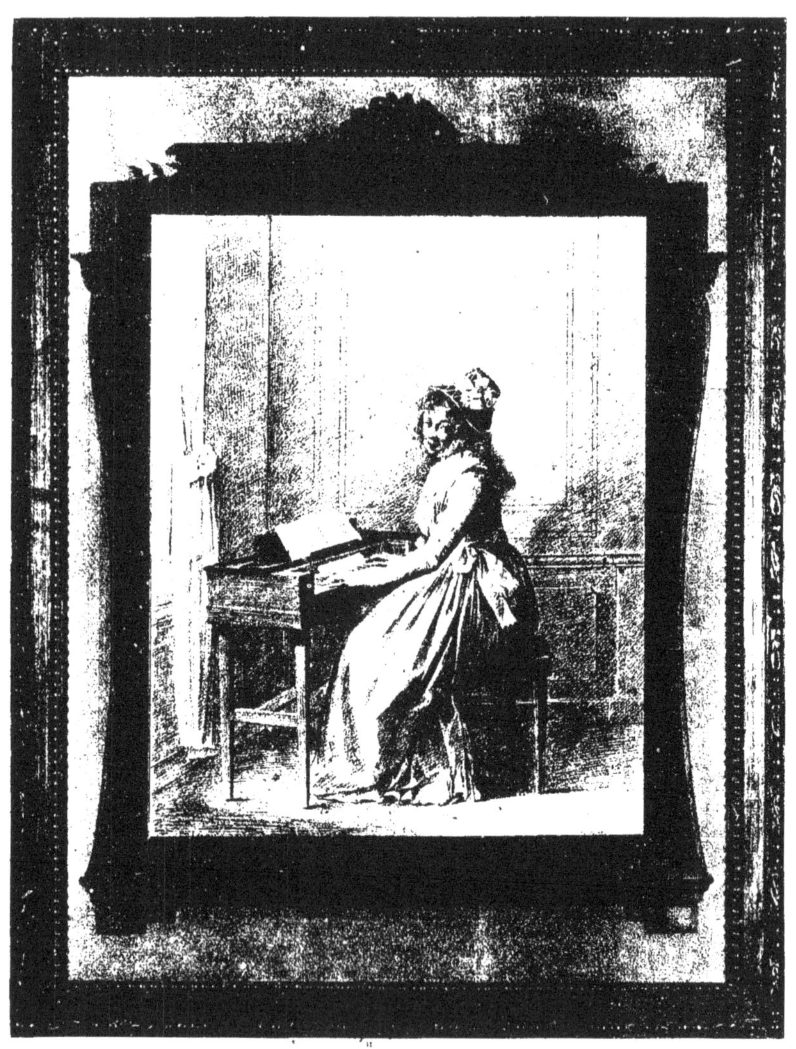

N° 50. DESSIN

MORLAND (d'après G.)

103. — The Tavern Door.

Virtuous Parents.

Deux pièces faisant pendants, de la suite de *Lœtitia*. Gravées par Bartolotti. In-fol. au pointillé.

Très belles épreuves imprimées en *bistre*. Sans marges. Encadrées.

NOEL (à Paris chez A.)

104. — Les Jeux de la Poupée ou les Etrennes des Demoiselles. Composés de 7 Gravures en taille douce avec une explication en vers français. Dédié aux Princesses... Filles du P^{ce} Joseph. Paris, 1806. In-8° oblong, cartonné.

Jolie suite de sept gravures au pointillé, imprimées en bistre. Rare.

PARRIS (d'après E. T.)

105. — The Lily.

The Rose of the Boudoir.

Deux estampes faisant pendants. Gravées par Phillips et J. Egan. In-fol. carré, à la manière noire.

Très belles épreuves *en couleurs*. Marges. Encadrées.

POLLARD (R.)

106. — The West End of the Town. Intéressante estampe de Mœurs sur la Promenade favorite des Anglais à *Hyde Park*. D'après H. Singleton. In-fol. à l'aquatinte.

Très belle épreuve avec une petite marge. Rare.

Voir la Reproduction.

QUEVERDO (F. M.)

107. — LE PRINTEMPS.
L'ETÉ.
L'AUTOMNE.
L'HIVER.

Suite de quatre compositions pastorales pour panneaux, composées et gravées par F. M. Queverdo. 1788. In-fol. au burin.

Très belles épreuves. Petites marges. Encadrées.

REGNAULT (N. F.)

108. — MATIN.
SOIR.
LA NUIT.

Suite complète de trois estampes. Dessinées et gravées par N. F. Regnault. In-fol. au pointillé.

Belles épreuves rehaussées *en couleurs*. Les deux premières avec marges, la dernière remontée et réparée. Encadrées.

REYNOLDS (d'après Sir J.)

109. — Mrs BILLINGTON AS St CECILIA. Joli portrait de la célèbre chanteuse, vue en pied et chantant ; un groupe d'anges voletant près d'elle. Gravé par J. Ward. In-fol. à la manière noire.

Très belle épreuve du dernier tirage, postérieur à la date imprimée. Petites marges. Encadrée.

REYNOLDS (d'après Sir J.)

110. — Miss Wynyard. Grand portrait de femme, gravé par J. Finlayson. Publ. 1771. In-fol. à la manière noire.

Très belle épreuve avec l'adresse du graveur. Petites marges.

ROUBILLAC

111. — Principes du Dessin d'après nature. D'après Parizeau, Le Clerc, etc. In-fol. à la manière du crayon.

Très belles épreuves à la *sanguine*. Toutes marges. Lot de Vingt-huit pièces.

ROWLANDSON (d'après T.)

112. — Side Boxes, Covent Garden. Suite de quatre estampes gravées par Alken, représentant les loges du théâtre bien connu de Londres. Petit in-4° à l'aquatinte.

Très belles épreuves *en couleurs*. Petites marges. Encadrées.

SMITH (J. R.)

113. — Clara.
Fanny.

Deux grands bustes de femmes, faisant pendants. Painted and engraved by J.-R. Smith. In-fol. à la manière noire.

Très belles épreuves *imprimées en couleurs*. Elles sont du premier tirage, avec la mention à la pointe : *First ro.* Marges. Encadrées.

TOMKINS (P. W.)

114. — HE SLEEPS ! Une jeune maman regarde avec amour son petit bébé endormi dans ses bras... Gravé par P.-W. Tomkins. Petit in-fol. au pointillé.

Superbe et fraîche épreuve tirée en *bistre*, la figure légèrement teintée. Sans marges. Encadrée.

Voir la Reproduction.

VIDAL

115. — LE MALIN CUISINIER.
LA CUISINIÈRE FRANÇOISE.

Deux pièces faisant pendants. D'après Gazard et Colibert. In-4° à l'aquatinte.

Très belles épreuves *imprimées en couleurs*. Encadrées.

VIVARES

116. — THE MOTHER'S FAVORITE. Soft ground by Vivares. 1799. In-4° au pointillé et verni mou.

Très belle épreuve tirée en *bistre*. Marges. Encadrée.

WARD (W.)

117. — HERSELF THE FAIREST FLOWER. D'après S. Woodford. Petit in-fol. à la manière noire.

Superbe épreuve très fraiche de ton. Elle est avec le titre tracé à la pointe. Marges.

Voir la Reproduction.

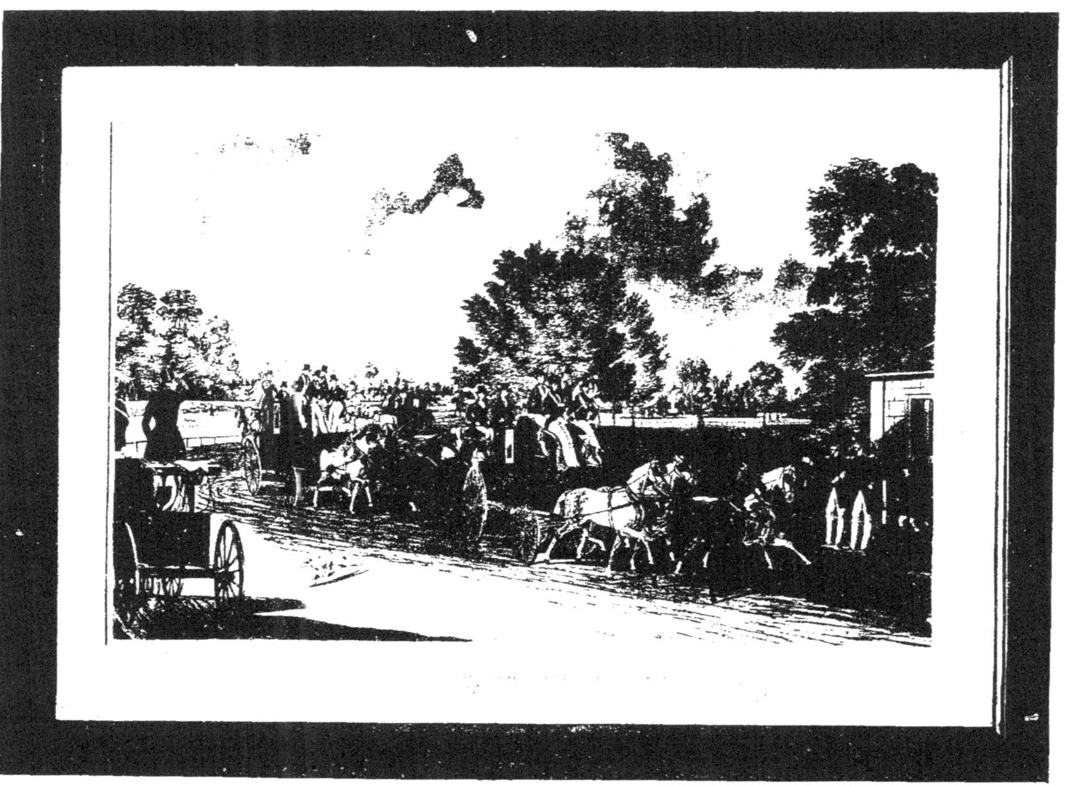

HARRIS   N° 145. *Four in Hand Club*   POLLARD

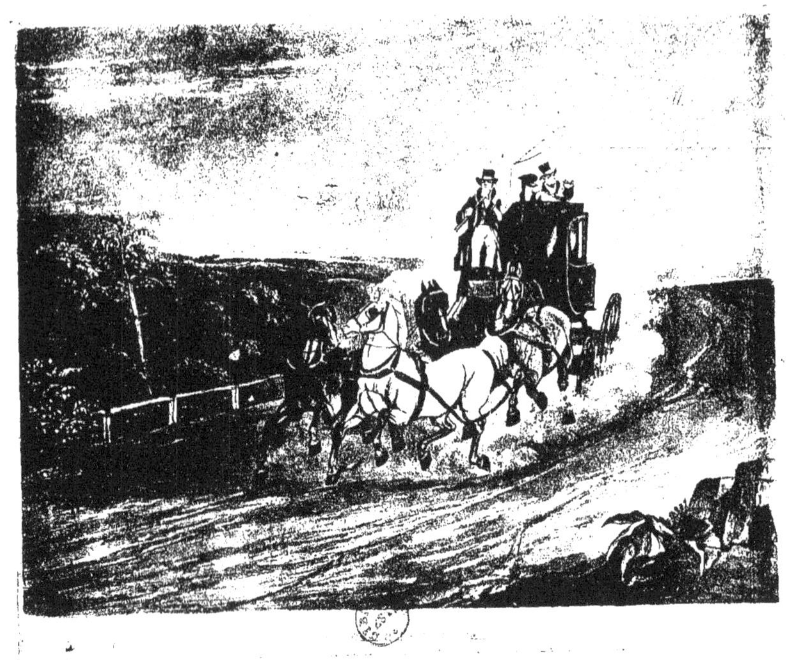

PYALL.   N° 153. *Mail Coach behind Time*

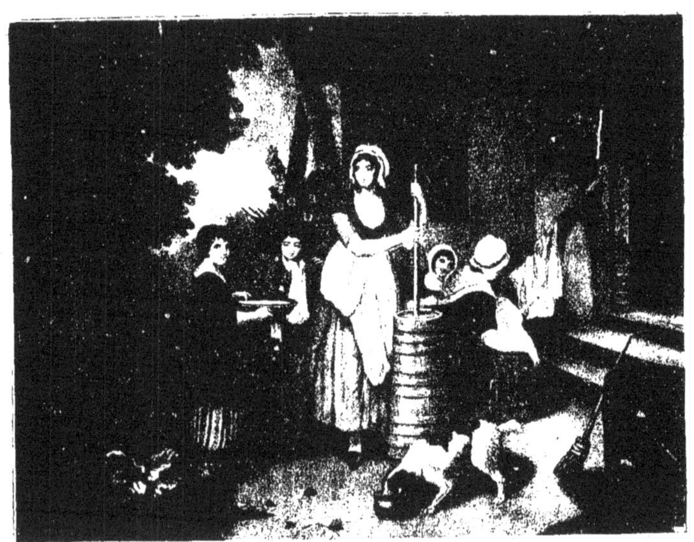

N° 122. WHEATLEY

WARD (J.)

118. — The Schoolmistress. Painted by W. Owen, Engraved by James Ward. Grand in-fol. à la manière noire.

Superbe épreuve *imprimée en couleurs*. Filet de marges. Encadrée.

Voir la Reproduction.

WARD (d'après J.)

119. — The Cunning Gypsy. Gravé par W. Annis. Grand in-fol. à la manière noire.

Superbe épreuve *imprimée en couleurs*. Elle est très fraiche et a de la marge

Voir la Reproduction.

WATELET (C.-H.)

120. — Allégorie sur le Mariage de Mme Lecomte. 1759. — Maison de Marguerite Le Comte meunière du Moulin Joli. — Philosophe en Méditation. — Planches pour l'Art de peindre. Etc. In-4° à l'eau-forte.

Réunion des dix pièces en très belles épreuves à toutes marges.

WESTALL (d'après R.)

121. — The Wood gathering Girl. Gravé par C. Josi. In-4° au pointillé.

Très belle épreuve *imprimée en couleurs*. Filet de marges. Encadrée.

WHEATLEY (d'après)

122. — Rustic Employement.
The Happy Family.

Deux belles estampes faisant pendants. Gravées
par Thouvenin. Gr. in-fol au pointillé.

Superbes épreuves *imprimées en couleurs*. Marges.

Voir la Reproduction.

Ruines et Paysages
DES MAITRES FRANÇAIS
DU XVIIIe SIÈCLE

DE MACHY (d'après)

123. — Ire Vue de Paris, prise du Pont Royal.
Vue de la Porte St-Bernard, prise venant de l'Hopital.

Deux pièces faisant pendants. Gravées par Janinet et Descourtis. In-fol. au lavis de couleurs.

Très belles épreuves *imprimées en couleurs*. La première a la marge du bas seulement. La seconde a les armoiries très habilement refaites et a un centimètre de marges. Conservées dans leurs anciens cadres.

GUYOT (L.)

124. — The Canal of Dog and Duck's Garden.
Ranston in Dorsetshire.

Deux estampes de la série des *Jardins Anglois*.
D'après Watts. Ovales. In-4° à l'aquatinte.

Très belles épreuves *imprimées en couleurs*. Encadrées à à l'ovale.

GUYOT (L.)

125. — Twickenham in Middlesex.
Ranston in Dorsetshire.

Deux estampes de la série des *Jardins Anglois*.
D'après Watts. Ovales in-4° à l'aquatinte.

Très belles épreuves *imprimées en couleurs*. Marges. Encadrées.

GUYOT (L.)

126. — Vue de Tivoli.
Le Matin..

Deux petits paysages faisant pendants. D'après Lelu et H. Robert. Ovales in-8° à l'aquatinte.

Très belles épreuves *imprimées en couleurs*. Marges. Encadrées.

JANINET (F.)

127. — Villa Sachetti.
Villa Madama.

Deux estampes faisant pendants. D'après Hubert Robert. Gravées par Janinet en 1778. Infol au lavis de couleurs.

Très belles épreuves *imprimées en couleurs*. Petites marges.

Voir la Reproduction.

JUBIER

128. — Vue des Environs de Dantzick. Gravée par Jubier. Bonnet n° 894. In-4° au lavis de couleurs

Très belle épreuve *imprimé en couleurs*. Marges du cuivre. Encadrée.

LESUEUR

129. — Vue d'une Laiterie près le Gros-Caillou. Dessiné d'après nature par Mlle de Cossé, avec armoiries. In-4° au lavis de couleurs.

Superbe épreuve *imprimée en couleurs*, avec marges, d'une pièce très rare.

PANINI (d'après J. P.)

130. — Ruines Romaines. Deux pièces faisant pendants. Gravées par Eustache de St-Far. In-4° à l'aqua-tinte.

Très belles épreuves *imprimées en couleurs*. Petites marges. Une des deux pièces est *avant la lettre*. Encadrées.

PÉRIGNON (d'après)

131. — Ruines et Tombeau de Cestus. Ruines du Temple de la Sybille Tiburtine.

Deux petites pièces faisant pendants. Dessinées à Tivoli par Pérignon en 1779. Gravées par Guyot en 1787. Ovales in-8° au lavis de cou-leurs.

Très belles épreuves *imprimées en couleurs*. Petites marges. Encadrées.

PÉRIGNON (d'après)

132. — Vue des Collèges a Venise. Ruines de la Maison Doré de Néron a Rome.

Deux pièces faisant pendants. Gravées par Guyot. Ovales in-8° au lavis de couleurs.

Très belles épreuves *imprimées en couleurs*. Marges.

PERNET (d'après)

133. — Ruines d'un Temple à colonnades, avec obélisque et Cascade. Gravé par de Machy. Ovale in-4° au lavis de couleurs.

Très belle épreuve *imprimée en couleurs*. Filet de marges. Encadrée à l'ovale.

PERNET (d'après)

134. — Petites Ruines Romaines. Pendants gravés par
Demarteau (636-638). Les seules planches qu'il
grava d'après Pernet. Ovales in-4° au lavis.

Très belles épreuves *imprimées en couleurs*. Un centimètre de marges. Encadrées.

PERNET (d'après)

135. — Ire Ruine d'Athène.
IVe Ruine Romaine.

Pendants gravés par Guyot et Chapuy. Médaillons in-8° au lavis de couleurs.

Très belles épreuves *imprimées en couleurs*. Marges.
Encadrées.

PERNET (d'après)

136. — Ruines Romaines. (I^e; IIe; V^e; VIIIe; IXe; X^e; XIe;
XIIe; XIIIe; XIVe), Gravées par Chapuy, Guyot.
etc. *A Paris, chez les Campions.* Importante
suite de 10 petites pièces en médaillons in-8° au
lavis de couleurs.

Très belles épreuves *imprimées en couleurs*. Avec marges,
sauf la première. Rares.

Voir la Reproduction.

PERNET (d'après)

137. — Vues de la Grêce. Dessinées par Pernet et gravées par Jeanninet. Deux pièces faisants pendants. Médaillons in-12 au lavis de couleurs.

Très belles épreuves *imprimées en couleurs*. Encadrées en
médaillons.

PERNET (d'après)

138. — XIᵉ ; XIIᵉ Vue de la Grèce. Dessinée par Pernet et *gravée au mordant* par Janninet. Deux petites pièces tirées sur la même feuille. Médaillons in-12 au lavis de couleurs.

Très belle épreuve *imprimée en couleurs*. Toutes marges.

PERNET (d'après)

139. — Petites Vues de la Grèce. Deux pièces faisant pendants ; dessinées par Pernet et gravées par Janinet. Médaillons in-12 au lavis de couleurs.

Très belles épreuves *imprimées en couleurs*. Petites marges. Encadrées en médaillons.

PERNET (d'après)

140. — Petites Ruines. Gravées par Poll. Quatre petits médaillons in-12 au pointillé.

Très belles épreuves tirées en *bistre*. Encadrées. Rares.

ROBERT (H.)

141. — Les Soirées de Rome. Dessinées et gravées par Robert. Deux cahiers comprenant les planches 1, 2, 3, 4, 5, 6, 8, 9, soit huit pièces in-8° à l'eau-forte.

Très belles épreuves. Marges.

ROBERT (d'apès H.)

142. — Restes du Palais du Pape Jules. Gravé par Janinet. 1775. In-fol. au lavis de couleurs.

Très belle épreuve *imprimée en couleurs*. Sans aucune marge. Encadrée.

SPORT

ALKEN (d'après H.)

143. — Fox Hunting. *Drawing the Cover.* — *Getting away.* — *The Full Cry.* — *The Death.* Suite de quatre pièces gravées par R.-G. Reeve. In-fol. à l'aquatinte.

Très belles épreuves, *coloriées*, du bon tirage, vers 1838, avant le changement d'adresse. Marges du cuivre. Encadrées.

ALKEN (d'après H.)

144. — Breaking Cover. Fox Hunting. Gravé par Sutherland. In-fol. à l'aquatinte.

Tsès belle èpreuve *en couleurs*. Doublée marges.

HARRIS

145. — The Four-in-Hand Club. Hyde Park. D'après Pollard. In-fol. à l'aquatinte.

Très belle épreuve *en couleurs*. Petites marges. Rare.

Voir la Reproduction.

HODGES (d'après W. P.)

146. — The Chase of the Roebuck.
The Death of the Roebuck.

Deux estampes sur la Chasse au Cerf, gravées par Alken et Reeve. London pub. 1834. In-fol. à l'aquatinte.

Très belles épreuves *coloriées*. Marges. Encadrées.

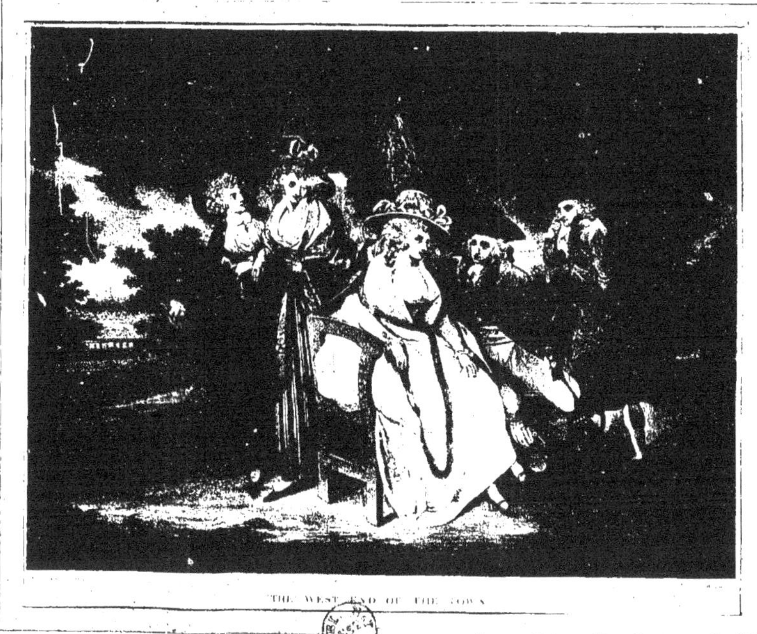

SINGLETON   N° 106   POLLARD

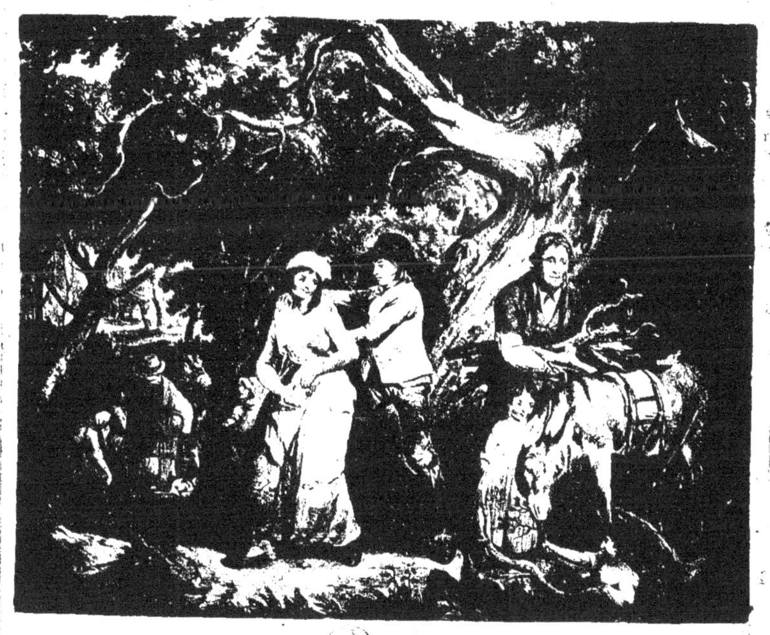

J. WARD   N° 119. *The Cunning Gypsy*   W. ANNIS

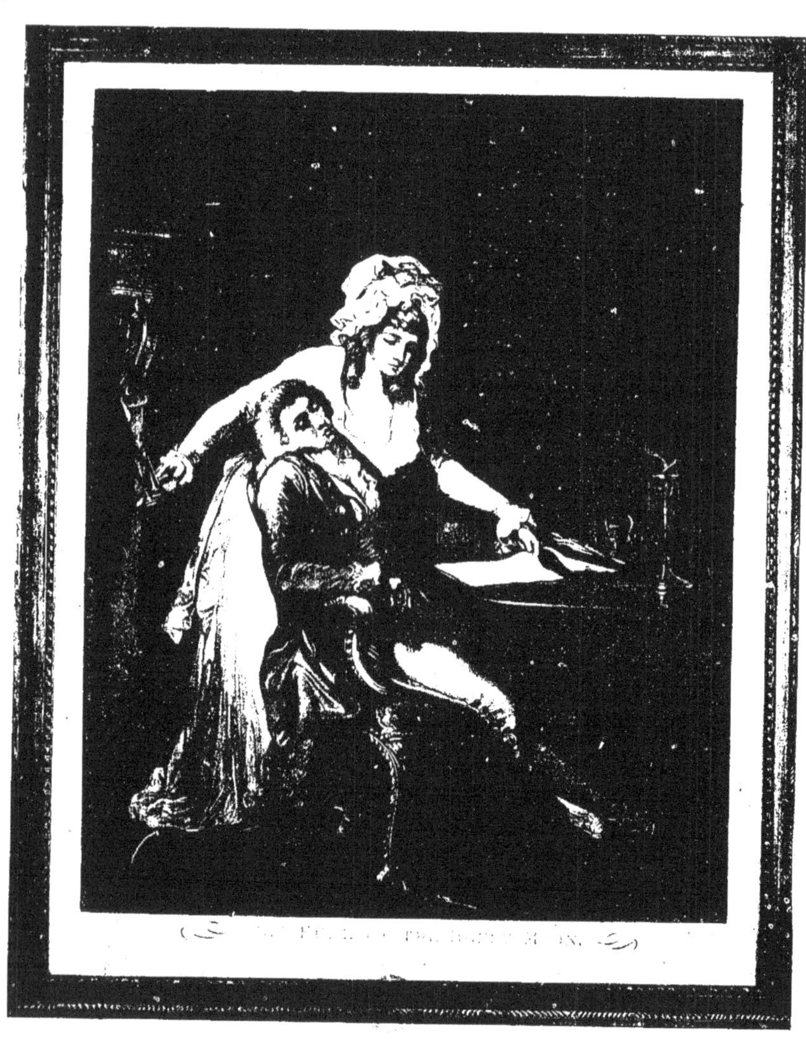

WHEATLEY   N° 86   LAURIE

HUNT

147. — EPSON RACES :
Now they are off.
Here they come.

Deux planches de Course en 1834. Gravées par Smart et Hunt d'après Pollard. In-fol. à l'aquatinte.

Très belles épreuves *en couleurs*. Marges.

HUNT

148. — DONCASTER RACES. Horses starting for the great St Leger Stakes. 1832. Gravé par Smart et Hunt d'après Pollard. In-fol. à l'aquatinte.

Très belle épreuve *en couleurs*. Petites marges.

HUNT (Ch.)

149. — GRAND STAND, GOODWOOD. *Adine winning the Goodwood stakes*. Grand in-fol. à l'aquatinte.

Très belle épreuve *imprimée en couleurs*, avec rehauts. Marges. Encadrée.

LAMI (Eug.)

150. — TANDEM. Lith. originale de Eug. Lami. 1817. In-fol.

Très belle épreuve *coloriée*. Petites marges.

MARTINET (chez)

151. — LES INCROYABLES A LONGS-CHAMPS, 1822. Curieuse estampe satirique sur les mœurs parisiennes au commencement du xixe siècle. In-fol. en lithographie.

Très belle épreuve *coloriée*. Toutes marges.

POLLARD (d'après J.)

152. — Doncaster Grand Stand. Gravé par Ch. Hunt. 1836. In-fol. à l'aquatinte.

Très belle épreuve *en couleurs*. Petites marges.

PYAL (H.)

153. — Mail Coach behind Time. D'après H. Walter. London publ. by Th. Mc Lean 1827. In-fol. à l'aquatinte.

Très belle épreuve *en couleurs*. Elle est du *premier état,* avant que le passager qui est assis près du Driver n'ait été remplacé par une femme. Marges.

Voir la Reproduction.

REEVE

154. — Stag Hunting. Pl. III. IV. Deux pièces faisant pendants. D'après Wolstenholme. *London publ.* 1808. In-fol. à l'aquatinte.

Très belles épreuves *coloriées*, avec la 1re adresse, celle du graveur. Petites marges. Encadrées.

ROWLANDSON (d'après)

155. — A Fox Chase. Pièce humoristique gravée par Alken. In-fol. à l'aquatinte.

Très belle épreuve *en couleurs*. Filets de marges. Encadrée. Rare.

SUTHERLAND (T.)

156. — Hunting ; *Going out.* — *Running.* Deux pièces
faisant pendants. D'après D. Wolstenholme.
London publ. by Ackerman. 1823. Petit in-fol.
à l'aquatinte.

Superbes épreuves *imprimées en couleurs*, du premier tirage
et d'une remarquable fraîcheur de tons. Marges du cuivre.

TURNER (C.)

157. — Vale of Aylesbury Steeple Chase. Planche de
course, gravée par C. H. Hunt. 1836. In-fol. à
l'aquatinte.

Très belle épreuve *en couleurs.* Marges.

TURNER (C.)

158. — Poachers (Braconniers). Deux curieuses estampes
sur les incidents de la chasse. D'après C. Blake.
In-fol. à l'aquatinte.

Très belles épreuves *en couleurs.* Marges.

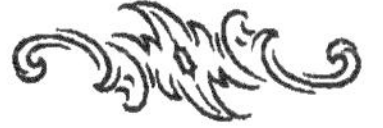

www.ingramcontent.com/pod-product-compliance
Ingram Content Group UK Ltd.
Pitfield, Milton Keynes, MK11 3LW, UK
UKHW031806170726
13836UKWH00003B/1213